Ce Carnet Appartient À :

. . . .